El asombroso
armadillo

El asombroso armadillo

por Dee Stuart

traducido del inglés por Carmen Gómez

A Carolrhoda Nature Watch Book

Carolrhoda Books, Inc./Minneapolis

Para Aubrey, Ardis, y William, con cariño.

Doy mi agradecimiento a la Dra. Eleanor Storrs Burchfield, Florida Institute of Technology, y a Jim Dunlap por su ayuda con este libro.

LIBRARY OF CONGRESS CATALOGING–IN–PUBLICATION DATA

Stuart, Dee.
  [Astonishing Armadillo. Spanish]
  El asombroso armadillo / por Dee Stuart ; traducido del inglés por Carmen Gómez.
      p.   cm.
  "A Carolrhoda nature watch book."
  Includes index.
  Summary : Describes the physical characteristics, habitat, and life cycle of the armadillo.
  ISBN 0-87614-975-1
  1. Armadillos–Juvenile literature. [1. Armadillos. 2. Spanish language materials.] I. Title.
QL737.E23S7828   1994
599.3'1–dc20   93-17504
                                                   CIP
                                                    AC

Fabricado en los Estados Unidos de América

1 2 3 4 5 6 – P/JR – 99 98 97 96 95 94

Armadillo de nueve bandas (Dasypus novemcinctus)

Lentamente, durante los últimos 150 años, un pequeño ejército ha ido desplazándose continuamente hacia el norte desde México. En 1854, el ejército cruzó la frontera mexicana e invadió Texas. Los invasores eran pequeñas criaturas, cada una con una cabeza como la de un lagarto, ojos como los de un cerdo, orejas como las de una mula, un hocico como el de un puerco, uñas como las de un oso, y un rabo como el de una rata. Estas pequeñas criaturas asombrosas eran armadillos de nueve bandas. El naturalista John James Audubon describió el armadillo como "un cerdo pequeño metido en la concha de una tortuga."

Los armadillos, con su armadura natural, son únicos entre los mamíferos. Los hombros y el cuarto trasero, las patas, la parte superior de la cabeza, y el rabo del armadillo están encajados en un **caparazón,** o concha ósea, formada de grandes placas o escudos de color marrón. La barriga blanda y correosa es la única parte no protegida. A diferencia del caparazón duro de una tortuga, estos escudos superpuestos están cubiertos con una piel correosa. Entre los hombros y el cuarto trasero hay (normalmente) de 8 a 11 bandas óseas que protegen la espalda y los costados. Las bandas están unidas por dobleces en la piel que permiten al armadillo curvar su cuerpo como un acordeón. Los primeros exploradores españoles pensaron que el escudo óseo del animal se parecía a su propia armadura, por lo que lo llamaron armadillo, es decir, "el pequeño con armadura." Esta dura armadura ha ayudado al "pequeño tanque de la naturaleza" a sobrevivir durante 55 millones de años. Los científicos hoy creen que los armadillos podrían ser mini dinosauros, parientes del gliptodonte, un animal de la época prehistórica similar a un armadillo gigante.

El armadillo de nueve bandas es el único miembro de la familia de los armadillos encontrado en los Estados Unidos. Está estrechamente emparentado con los armadillos, osos hormigueros, y perezosos arbóreos de América Central y del Sur. Todos pertenecen al orden o grupo científico de los **desdentados,** que significa "sin dientes." Pero sólo los osos hormigueros no tienen dientes. La mayoría de los armadillos tienen de siete u ocho pequeños molares en forma de clavija a cada lado de las mandíbulas superior e inferior con las que trituran la comida.

Los armadillos varían en su color. Pueden tener diferentes matices de beige, marrón grisáceo, marrón oscuro, hasta casi negro. Algunas veces, su color de tonos terrosos se mezcla con los alrededores y hace difícil que sus enemigos puedan verlos.

A pesar de que los armadillos de nueve bandas se alimentan principalmente de insectos, también comen una pequeña cantidad de raíces, tierra, y desperdicios que le ayudan a digerir la comida y evitan que sus dientes crezcan demasiado. Prefieren escarabajos, hormigas, y termitas, pero también comen gusanos de tierra, orugas, sapos, pequeñas serpientes y ranas, lagartos, cucarachas, escorpiones, milpiés, ciempiés, o incluso pájaros muertos si se presentan en su camino. Les gusta visitar estanques medio secos, donde pescan camarones, pequeños cangrejos de río, peces pequeños, y **larvas** (las crías de insectos que parecen gusanos ondulantes).

Los armadillos han sido acusados de comerse los huevos de pájaros que ponen sus nidos sobre la tierra, de desenterrar granos, y de destruir cosechas de melones y tomates. Sin embargo, los estudios han mostrado que los armadillos salvajes tienen poco interés en los huevos de pájaros. Sus dientes en forma de clavijas no son buenos para mordisquear, masticar, o romper huevos. Son aficionados a las **cresas** (los huevos, parecidos a gusanos, de las moscas), y comen melones o frutas blandas si la cosecha está pasada o las frutas están rotas. En Luisiana y Texas, tienen pasión por las hormigas coloradas.

8

Los gusanos son una de las comidas favoritas de los armadillos.

Armadillos de nueve bandas buscan comida en el suelo (izquierda) y en la corteza de un tronco podrido (contrapágina).

El armadillo tiene más suerte que la mayoría de los mamíferos porque nunca tiene que deambular lejos de casa para buscar comida. Vagabundea siguiendo un curso indeterminado o corretea por la orilla de un arroyo escarbando entre las hojas y la tierra en busca de insectos. Aunque no puede ver mucho con sus pequeños ojos de cerdo, ni oír muy bien con sus orejas de mula, tiene un sorprendente sentido del olfato. Con el hocico apretado contra el suelo, puede localizar insectos de 6 a 8 pulgadas (15 a 20 cm) por debajo de la superficie de la tierra.

El método del armadillo para buscar comida se llama sondeo. Le gusta sondear en viejos troncos en descomposición, en la base de grupos de hierbas, y en mezclas sueltas de arcilla, lodo, y suelos arenosos.

Empuja su largo hocico entre las hojas y matorrales, y después cava un surco o fosa en la tierra a unas 3 a 4 pulgadas (8 a 10 cm) de profundidad. Repentinamente, empieza a excavar furiosamente con sus fuertes y afiladas uñas, y después hunde su nariz en el agujero cónico que ha excavado. El armadillo tiene una lengua larga, rápida y cilíndrica, que alcanza mucho más allá de la punta de su hocico, con lo que puede capturar una lengüetada de su comida favorita, como crujientes hormigas negras, escarabajos, o termitas. ¿Cómo atrapa comida el armadillo? Tiene la lengua cubierta de saliva pegajosa y pequeñas proyecciones que parecen verrugas. Cuando lanza la lengua, los insectos se pegan a la superficie mojada y pegajosa. Mientras se alimenta, el armadillo hace ruido al olfatear. Si un perro ladra en la cercanía, la pequeña criatura, concentrada en su búsqueda de alimento, parece no oír este aviso de peligro y continúa sondeando.

Observa las largas y afiladas uñas de los dedos del armadillo de nueve bandas.

El armadillo tiene cuatro dedos en las patas delanteras y cinco dedos en las patas traseras. Todos ellos están armados con uñas largas y fuertes. Las dos uñas centrales de las patas delanteras y las tres centrales de las patas traseras son las más largas. Son herramientas excelentes para desenterrar insectos, abrir nidos, y excavar madrigueras. Aunque los armadillos pueden usar sus largas y afiladas uñas para luchar, son criaturas tímidas y rara vez pelean con sus enemigos. A veces emiten un olor almizcleño intenso de un par de glándulas situadas cerca de la base del rabo. Cuando estas criaturas están en marcha, su cola caída deja un rastro que parece una cuerda entre las huellas.

A diferencia de la mayoría de los mamíferos, los cuales tienen pelo o piel resistente, los armadillos de nueve bandas tienen muy poco pelo. La mayoría del poco pelo que tienen se encuentra en las partes blandas inferiores y diseminado escasamente sobre el caparazón.

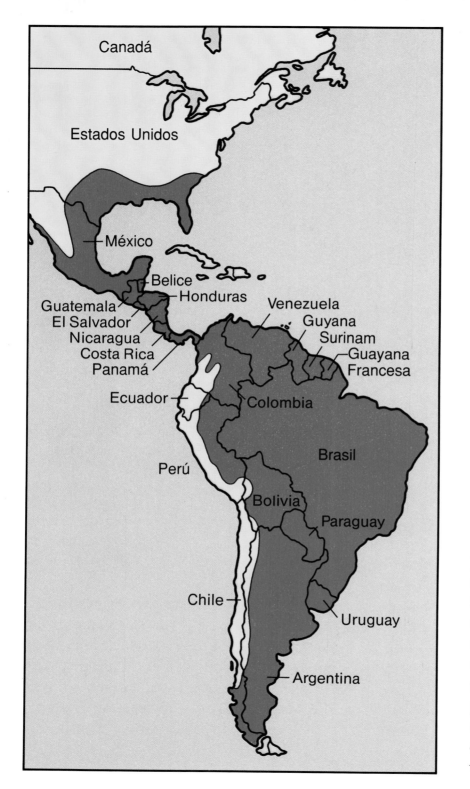

Las áreas sombreadas muestran la zona habitada por el armadillo.

Los armadillos de nueve bandas pertenecen a la especie conocida como *Dasypus novemcinctus* en la familia de los Dasipódidos. La familia de los Dasipódidos cuenta con unas 20 especies, o clases, incluyendo los armadillos de tres, seis, siete, y once bandas y los armadillos pigmeo, pichi, peludo, gigante, y enano rosado. Todos estos primos del armadillo de nueve bandas viven en América Central y del Sur.

Armadillo de seis bandas—uno de los primos del armadillo de nueve bandas que vive en América del Sur

El armadillo gigante, cuyo nombre científico es *Priodontes giganteus*, mide 5 pies (1,5 m) de largo desde el hocico hasta la punta del rabo, y pesa de 99 a 130 libras aproximadamente (45 a 60 kg). Su ambiente natural es Brasil. A pesar de que tiene hasta cien dientes, éstos son más pequeños que los de otros armadillos. Están bien adaptados para su dieta—muy delgados para masticar una comida de termitas y unas pocas hormigas. Las patas delanteras también están bien adaptadas a su dieta, ya que el tercer dedo está equipado con una uña en forma de hoz para rasgar troncos podridos o desgarrar nidos de termitas.

El armadillo más pequeño es el enano rosado, *Chalamyphorus truncatus*. Sólo mide 5 pulgadas (12,7 cm) de largo y pesa como 1/3 de libra (0,14 kg), y vive bajo tierra en Argentina. Un caparazón blando, de color rosado y con 23 a 25 bandas, cubre su piel sedosa.

Los armadillos de nueve bandas son del tamaño de gatos domésticos grandes. Tienen un promedio de 2,5 pies (75 cm) de largo total. El rabo cónico, compuesto de 12 a 14 anillos óseos, mide la mitad de la longitud del cuerpo. Los machos y las hembras parecen iguales y son de tamaño similar, aunque los machos pueden ser ligeramente más grandes que las hembras. Los armadillos adultos de nueve bandas, machos y hembras, pesan de unas 8 a 15 libras (3,6 a 6,8 kg).

La principal actividad del armadillo es la búsqueda de comida y agua. A veces, la búsqueda interminable de estas necesidades le lleva más allá de su paradero normal, y no pueden encontrar el camino de vuelta a su guarida. Entonces **emigran,** o se trasladan, a un área nueva en busca de las condiciones que necesitan para vivir. Allí, excavan nuevas guaridas y empiezan una nueva **colonia,** o asentamiento, de armadillos.

Por alguna razón, en los años 1800, continuaron su viaje hacia el norte desde México en una de las migraciones más rápidas conocidas de la historia de los mamíferos. Primero invadieron el valle del Río Grande. Después, alejándose de los secos desiertos del oeste, que les ofrecían poca agua vivificante, se extendieron hacia el norte hasta Kansas y Misuri. Otras manadas de armadillos vagaron lentamente en dirección este hacia Florida.

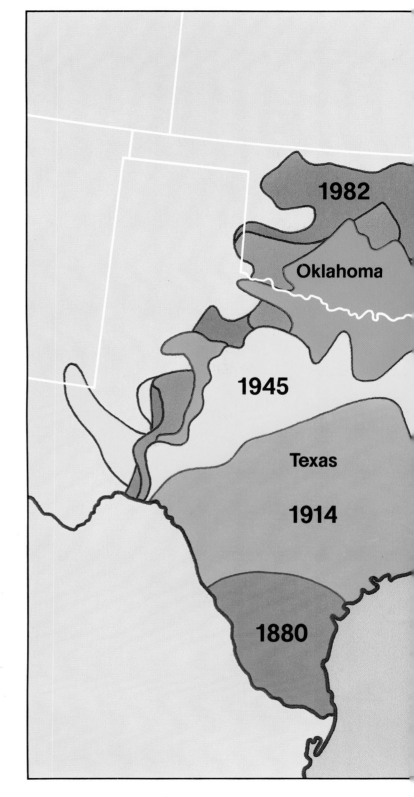

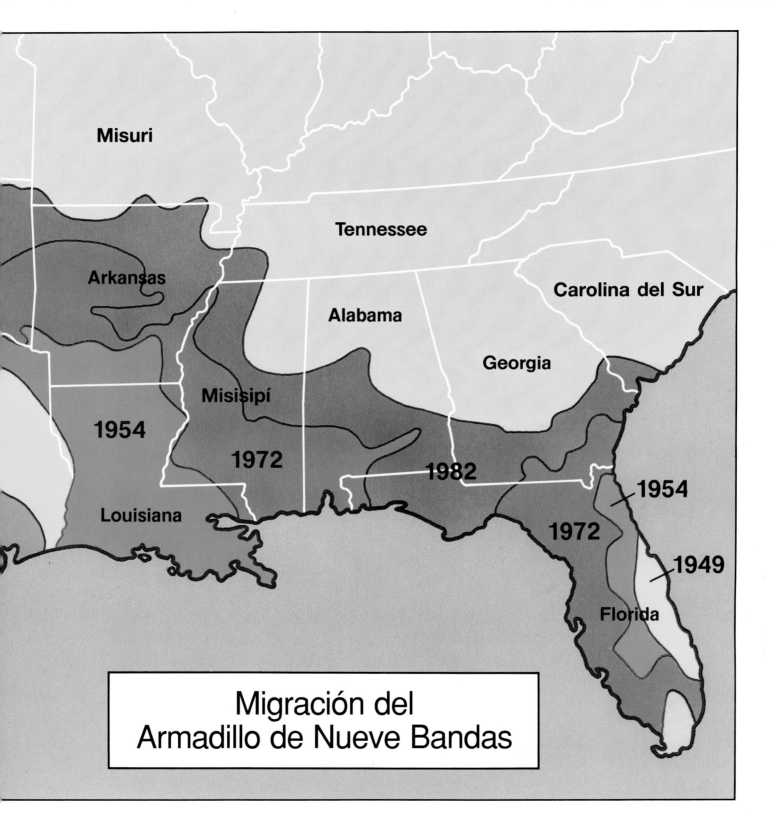

Misuri

Tennessee

Arkansas

Carolina del Sur

Alabama

Georgia

Misisipí

1954

1972

1982

1954

Louisiana

1972

1949

Florida

Migración del
Armadillo de Nueve Bandas

El agua no es un obstáculo para los armadillos, quienes son buenos nadadores.

En la interminable búsqueda de comida, o de un nuevo hogar, el armadillo a veces da con un río, un lago, o una corriente rápida. Normalmente, el agua no es un obstáculo para estas peculiares criaturas ya que son buenos nadadores. Aunque el armadillo tiende a hundirse en el agua, tiene un asombroso talento oculto. Para cruzar un cuerpo de agua, se arroja y traga aire, con lo que infla el estómago y los intestinos como un globo. Después, cruza chapoteando o flotando. Lo que es todavía más asombroso, si nuestro pequeño nadador se cansa, puede hundirse hasta el fondo y cruzar debajo del agua a pie. Si está asustado, puede cruzar un arroyo más rápidamente corriendo por el fondo en vez de flotar a su velocidad normal chapoteando. Puede permanecer debajo del agua hasta 10 minutos. Si el arroyo no es demasiado profundo ni demasiado ancho, el armadillo a menudo cruza caminando por el fondo en vez de nadar.

Hasta la fecha, sigue siendo un misterio cómo estos pequeños pioneros se las ingeniaron para cruzar el gran Río Misisipí. Algunas personas piensan que podrían haber cruzado flotando sobre madera, viajando de polizones en barcos, o haciéndose llevar en carros para ganado. Otros piensan que cruzaron el Misisipí a nado. Los científicos creen que el río es demasiado profundo y peligroso para que ellos pudieran cruzarlo a nado. Sea cual sea la manera en que cruzaron el río, los armadillos continuaron su viaje a través del sur de los Estados Unidos. De hecho, armadillos de nueve bandas han vagado por todo el este hasta el Océano Atlántico. Estas criaturas tímidas son supervivientes naturales, y la historia de su migración hacia el este demuestra cómo se **adaptaron,** o cambiaron a fin de ajustarse al medio ambiente. Cambiaron su forma de vivir y aprendieron nuevas habilidades—excavando sus madrigueras en nuevos tipos de suelo y comiendo alimentos diferentes a aquellos a los que estaban acostumbrados. Otra razón por la que los armadillos fueron capaces de extenderse por todo el sur de los Estados Unidos es que la comida era abundante y fácil de encontrar.

Para la década de los 70, armadillos de nueve bandas habían alcanzado el Panhandle al noroeste de Florida. Con el tiempo, se unieron a los descendientes de otros armadillos que se habían escapado de un parque zoológico. Estos armadillos habían subido lentamente desde la península de Florida hasta el Panhandle.

A pesar de que los armadillos de nueve bandas han deambulado por Oklahoma, Kansas, Misuri, y Arkansas, el tiempo atmosférico frío limita su migración. Cuando el tiempo frío mata los insectos de la superficie, los armadillos se ven obligados a mudarse a regiones más cálidas.

Debido a que el armadillo, a diferencia de la mayoría de los mamíferos, no tiene una piel densa para mantenerlo abrigado, y ninguna capa extra de grasa para ayudarlo a aguardar hasta que pasen muchos días de frío, no puede mantenerse lo bastante caliente como para que su cuerpo funcione en climas fríos. Solamente las hojas y la hierba aislante de su nido permiten al armadillo sobrevivir los fríos inviernos en los **hábitats** (lugares donde viven los animales) del norte.

La madriguera de un armadillo está aislada con hojas y hierba.

Los armadillos no **invernan**, o pasan el invierno en un estado letárgico e inactivo como otros mamíferos. Por esta razón, necesitan un medio para alimentarse durante el invierno. La necesidad de comida a menudo obliga al animal a salir de su madriguera y a estar expuesto a temperaturas muy bajas. Se sabe que algunos períodos de tiempo congelante han aniquilado poblaciones enteras de armadillos. Deben permanecer en climas cálidos para sobrevivir.

A diferencia de la mayoría de los mamíferos, la temperatura del cuerpo del armadillo no permanece constante. La temperatura de su cuerpo sube y baja con la temperatura del exterior. En el verano, cuando la temperatura puede alcanzar más de 100°F (38°C), se ha visto a los armadillos respirar rápidamente, echarse sobre los costados, y empezar a jadear para refrescarse.

Para compensar por la característica peculiar de su temperatura corporal, han aprendido a evitar el calor del día quedándose en sus madrigueras hasta la caída de la noche, cuando salen en busca de comida. Pero en los días fríos del invierno, los armadillos se atreven a salir durante la parte más templada del día, normalmente a media tarde. Para compensar el frío, el armadillo tirita y se agazapa o mete la cabeza debajo de la barriga. De todos modos, el armadillo aguanta mejor el exceso de frío que de calor.

Un armadillo de nueve bandas busca comida en el fresco de la noche.

Los armadillos no solamente cavan en la tierra para buscar comida y hacer sus madrigueras para escapar de **depredadores,** o animales que los matan y los comen. También viven parte de su vida en madrigueras o guaridas y las utilizan para su reproducción. Pocos animales de un tamaño similar tienen tantas guaridas por animal como el armadillo. Pueden hacer su hogar en muchos tipos diferentes de hábitats. Les gustan los climas templados y los lugares con mucha lluvia—suficiente para mantener los insectos que comen y para proporcionar agua para beber. No obstante, al elegir su hogar no solamente depende del clima y de la presencia de agua, sino también del tipo de suelo.

Los suelos arenosos y poco compactos son especialmente buenos para madrigueras. Como los armadillos obtienen su comida sondeando y escarbando en el suelo en busca de insectos y otras formas de vida animal, la textura del suelo durante la temporada seca es muy importante. Los suelos muy compactos son más difíciles de excavar y también hacen más difícil desenterrar la comida con su largo hocico.

Incluso en un suelo arenoso ideal, el peligro siempre está presente, ya que tanto sequías (largos períodos de tiempo sin lluvia) como inundaciones a menudo matan armadillos. El drenaje del agua del suelo es algo importante para estos animales que viven en madrigueras. Si no hay un buen drenaje en sus guaridas arenosas, los armadillos pueden ahogarse durante fuertes lluvias. A veces, en tierras pantanosas, las aguas altas se introducen en las madrigueras y las llenan.

En áreas secas, los armadillos prefieren vivir cerca del agua. Si se da una sequía, siguen el cauce seco en busca de agua. Por esta razón, la ruta de invasión de estos pequeños pioneros generalmente corre en paralelo a cauces de agua.

A los armadillos les gusta el agua. Si el clima tiende a ser seco, los animales se reúnen alrededor de arroyos y charcos de agua. Les encantan los pequeños estanques, donde buscan comida y bebida. Las huellas alrededor de estos estanques indican que también les gustan los baños de lodo.

En suelos arenosos, los armadillos son excavadores muy activos, y sus madrigueras se encuentran en casi todas partes. Además de aquellas en las que viven, muchas han sido abandonadas y se usan solamente como refugios temporales. En las praderas costeras, los armadillos buscan guaridas sobre lomas arenosas. La principal razón por la que escogen estas pequeñas colinas redondeadas es la protección contra inundaciones, más que por la facilidad de excavación.

Los armadillos construyen sus hogares en grietas y fisuras de afloramientos rocosos y en campos rocosos sin arar. Les gustan las espesuras y las áreas sombreadas cubiertas de arbustos donde crecen las plantas densamente. La entrada a sus guaridas a menudo se encuentra al pie de árboles y arbustos con raíces tupidas, probablemente porque éstas ofrecen el mejor medio de protección contra sus enemigos. Si desaparecen los matorrales, o si se agota el suministro de agua, los armadillos se mudan para colonizar, o poblar, otro área.

A diferencia de sus antepasados gliptodontes, los armadillos se adaptan bien a nuevos ambientes. Han colonizado una variedad de hábitats, incluyendo unos que han sido alterados notablemente por la gente y las actividades humanas. Los armadillos a menudo aprovechan campos de golf y parques para excavar sus céspedes y huertas guaridas, y recolectan comida en los céspedes y huertas bien regados de las casas privadas.

Para excavar sus madrigueras, los armadillos utilizan las fuertes uñas de sus patas delanteras para desmenuzar la tierra y desplazarla hacia atrás. Con sus patas traseras, echan la tierra afuera. El rabo levanta la parte trasera de su cuerpo para que las patas traseras puedan patear más fácilmente.

Mientras que excava una guarida, el armadillo tiene la habilidad peculiar de contener la respiración hasta seis minutos. Esta habilidad es útil ya que le permite al armadillo excavar durante varios minutos de una vez sin tener que abrir la nariz y la boca para respirar. El poder excavar rápidamente, sin parar a tomar un respiro, es también muy útil para escapar de un enemigo que lo persigue de cerca.

Derecha: *Los armadillos, aunque son animales tímidos, no tienen miedo de deambular por la propiedad de las personas en busca de comida. Contrapágina: Un armadillo mete el hocico profundamente en la tierra mientras excava su madriguera.*

Los armadillos suelen ocupar sólo una madriguera pero tienen varias madrigueras que han abandonado y que utilizan solamente como refugios de emergencia o trampas para obtener comida. La mayoría de las madrigueras tienen una entrada que da al sur, pero se han encontrado madrigueras con hasta cuatro entradas que dan a direcciones diferentes. Normalmente, cada madriguera está habitada solamente por un armadillo adulto, aunque a veces se han encontrado otros animales, como mofetas, zarigüeyas, búhos de madriguera, serpientes, conejos, ratas, y visones, viviendo en guaridas de armadillos.

Las madrigueras varían de 2 a 24 pies (60 cm a 7,2 m) de largo, y desde unas pocas pulgadas por debajo del suelo hasta una profundidad de 5 pies (1,5 m). Tienen de 7 a 8 pulgadas (17,78 a 20,32 cm) de ancho. Los nidos se abren a un área más ancha, la cual el armadillo recubre con hojas o hierba. El túnel de la madriguera es normalmente bastante recto, con unas cuantas curvas para evitar obstáculos como raíces y rocas. Algunos túneles pueden tener dos o más bifurcaciones.

Armadillo de nueve bandas en su nido recubierto de hierba

Las madrigueras poco profundas con una sola entrada a menudo sirven para atrapar comida. Grillos, mosquitos, escarabajos, o arañas viudas negras a veces se refugian en la acogedora madriguera húmeda y oscura. Pronto, un armadillo de olfato agudo husmea su presa. Encaja su cuerpo rechoncho contra las paredes y escarba con las uñas para bloquear la escapada del insecto. Después, el hambriento armadillo devora su comida rápidamente.

Las madrigueras utilizadas para criar a sus pequeños suelen tener una cámara o túnel especial de 18 pulgadas (46 cm) o más de diámetro con una pequeña curva en la bajada para proporcionar un lugar oscuro para sus crías. El nido está recubierto con hojas secas, hierba, y ramillas. La hembra colecta este material y lo amontona bajo su cuerpo. Después, se yergue sobre las patas traseras y, agarrando el material seco con las patas delanteras, salta hacia atrás hasta la cámara del nido en la madriguera.

Estos dos armadillos de nueve bandas están a punto de aparearse.

Los armadillos se aparean sólo una vez cada temporada de reproducción. La mayoría de las hembras tienen más de un año de edad cuando aparean por primera vez. Las hembras mayores **ovulan,** o producen huevos, antes que las hembras más jóvenes. Durante la ovulación, la hembra desprende un **óvulo,** o huevo. Cuando un macho y hembra se aparean, este huevo se fertiliza. Después del apareamiento, tiene lugar un proceso peculiar. El **embrión,** o huevo fertilizado, flota en el **útero** (un órgano hueco en el cuerpo de la madre donde se alberga el embrión durante su desarrollo) durante cuatro meses o más. Después, generalmente en noviembre, se adhiere a la pared del útero.

Las hembras de los armadillos de nueve bandas casi siempre paren cuatro crías idénticas.

El armadillo de nueve bandas es uno de los pocos mamíferos de América del Norte en los que la adhesión del huevo fertilizado al útero tiene lugar más tarde. En la mayoría de los mamíferos, el huevo se adhiere al útero inmediatamente después del apareamiento.

Una vez que el huevo se adhiere a la pared del útero, ocurre otro hecho peculiar. El huevo se divide en dos, y después cada mitad se vuelve a dividir en dos, formando cuatro embriones separados. Los embriones se desarrollan para convertirse en cuatrillizos, o cuatro crías, todas del mismo sexo. Aunque otros mamíferos producen cuatrillizos, el armadillo de nueve bandas es el único animal conocido que lleva a cabo esta proeza rutinariamente.

El período de desarrollo de los embriones varía de 120 a 150 días. De hecho, el crecimiento del embrión, o **gestación,** a veces puede tardar hasta 20 meses. Éste parece un largo período de tiempo si se compara con el período medio de gestación de otros mamíferos pequeños—31 días para los conejos, 63 días para los gatos, 61 días para los perros, 19 días para los ratones, y 52 días para los zorros.

El parto tiene lugar en marzo o abril. Algunos científicos creen que la larga espera antes de que el huevo fertilizado se adhiera es una forma más que el armadillo de nueve bandas tiene de adaptarse a su medio ambiente. Esto tiene sentido porque si el nacimiento de las crías no fuera aplazado hasta la primavera, nacerían durante el invierno, cuando la comida es escasa.

Al nacer, las crías de los armadillos son miniaturas de sus padres totalmente formadas. Tienen los ojos abiertos, y pueden caminar después de unas pocas horas. Los caparazones de color rosa pálido son blandos al principio, pero después de unos días, se vuelven de color marrón grisáceo y empiezan a endurecerse. Los caparazones no se endurecen totalmente hasta que el animal esté completamente crecido.

Al igual que todos los mamíferos, los armadillos se alimentan de la leche de la madre. Después de dos meses, son **destetados,** lo que significa que dejan de alimentarse de la leche de la madre y aceptan otros alimentos. Después de ser destetados, permanecen junto a la madre durante varios meses. A la caída de la noche, salen de sus guaridas para buscar comida. La duración de vida del armadillo salvaje es de 7 a 10 años. La duración más larga de vida registrada en armadillos cautivos es de 16 años.

Los armadillos tienen muchos enemigos naturales, como los coyotes, perros, gatos salvajes, lobos, y zorros. Se cree que los coyotes y los perros son los principales matadores de armadillos. No obstante, no es fácil atrapar un armadillo antes de que éste se ponga a salvo en una de sus muchas guaridas.

Cuando un armadillo es atacado por un enemigo, su primera defensa es huir. Debido a su naturaleza dócil y a su costumbre de meterse sólo en sus propios asuntos, el armadillo prefiere correr antes de luchar.

Si es sorprendido, se levanta sobre las patas traseras, balanceándose sobre su rabo como el de una rata, se ladea de un lado a otro y olfatea el aire cálido. Su agudo sentido del olfato le alerta del peligro. Si percibe el olor de un enemigo, baja sobre sus patas cortas y rechonchas, y sale corriendo.

Este animal, normalmente lento, puede correr a una velocidad sorprendente en distancias cortas, siguiendo un rumbo en zig-zag como un jugador de fútbol. Si no es capaz de eludir a un depredador, como por ejemplo un perro, el armadillo se detiene y, usando las patas delanteras, empieza a excavar a gran velocidad. Puede que el perro intente morder a esta extraña criatura, pero sus dientes se escurren sobre el caparazón correoso que cubre la espalda del armadillo. El armadillo, al excavar, lanza la tierra a la cara del perro. Un minuto despúes, el animal se entierra en su madriguera. Apuntalando las bandas de la espalda contra el techo, clava las uñas en los lados de la madriguera. Es casi imposible sacarlo, incluso tirando del rabo. Un armadillo puede excavar una madriguera y esconderse dentro en menos de dos minutos.

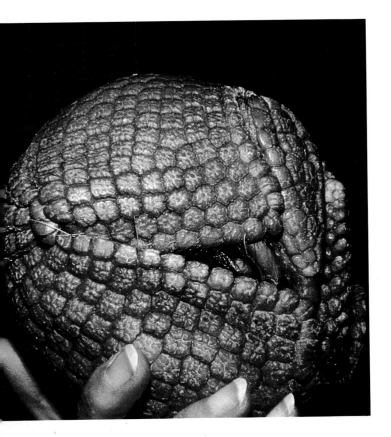

A pesar de que el caparazón no puede proteger al armadillo de los dientes de animales grandes, es importante porque le permite lanzarse dentro de matorrales densos o espesuras donde otros animales no pueden penetrar. Puede retraer las patas de forma que su armadura toque el suelo y meter la cabeza de manera que el caparazón le proteja incluso los ojos, y sólo queden las orejas al descubierto. El caparazón también protege al armadillo de heridas causadas por púas afiladas o espinas perforadoras de cáctus. Si es sorprendido al descubierto, hay otra forma en la que un armadillo se puede defender del enemigo. Si no tiene más remedio, se pondrá totalmente tenso, o relajado inmóvil, "haciéndose el muerto."

Un mito popular dice que cuando un armadillo de nueve bandas es atacado por un enemigo, se enrolla formando una bola apretada para resguardarse de los atacantes. Puede meter la cabeza dentro del caparazón y enrollar el cuerpo de forma que la cabeza y el rabo se junten (como se ve en la fotografía grande a la derecha), pero no puede enrollarse en una pelota. Sólo los armadillos de tres bandas de América del Sur pueden realizar esta proeza (izquierda).

El armadillo de nueve bandas tiene una destreza excepcional—un reflejo peculiar que también tienen el gato y la mula. Cuando se asusta o es sorprendido, puede saltar tres pies (1 metro) en el aire, despegando como un cohete. Las muertes de armadillos en carretera son más frecuentes debido a su desgraciado hábito de saltar hacia arriba cuando son sorprendidos, mientras que si permanecieran bajos, los vehículos podrían pasar por encima. De hecho, el mayor enemigo que tiene el armadillo es el automóvil.

Durante la invasión del armadillo al terminar el siglo, los armadillos se consideraban animales nocivos y se mataron miles de ellos. En aquellos días, los granjeros y rancheros pensaban que se comían los huevos, frutas, y tomates, pero estudios posteriores mostraron que se alimentan principalmente de insectos. Estos animales también dejaban agujeros en el suelo que eran un peligro para granjeros, animales, y personas montadas a caballo.

Los carros, camiones, y otros vehículos son los principales enemigos de los armadillos. Es común ver armadillos muertos (izquierda) al lado de la carretera en las áreas donde estos animales viven.

En muchos de los lugares donde habitan los armadillos, la gente celebra estas peculiares criaturas de formas diferentes, incluyendo carreras de armadillos en Orlando, Florida (derecha), y El Día del Armadillo en Hamburg, Arkansas (contrapágina).

Hoy en día, algunos granjeros piensan que los agujeros que los armadillos hacen **airean** el suelo, permitiendo que el aire entre para secarlo o refrescarlo. La mayoría está de acuerdo en que los pequeños incursores comen muchos insectos destructores y que sirven de ayuda en vez de causar daños.

En los últimos 20 años, a medida que la gente ha llegado a conocer mejor al armadillo, su actitud hacia él ha cambiado. Este pequeño animal, con su torpe paso, despierta en la mayoría de la gente la compasión que se siente por los desvalidos. No obstante, debido a su tendencia a vagar durante la noche, sus resoplidos y gruñidos, su fuerte olor almizcleño, y su habilidad de escaparse rasgando los corrales, los armadillos no son buenas mascotas.

41

Los científicos han descubierto que el armadillo puede ser una contribución importante a la medicina. Es el único animal, aparte del ser humano, que puede presentar **lepra** grave, o la enfermedad de Hansen. Más de 13 millones de personas sufren esta enfermedad. Por medio de la investigación con armadillos, los científicos esperan encontrar una vacuna para prevenir la lepra. La **lepromina,** una sustancia obtenida de los armadillos infectados de lepra, permite a los médicos determinar la gravedad que presentará un caso de lepra en un paciente humano. Un solo armadillo proporciona bastante material para más de mil unidades de lepromina.

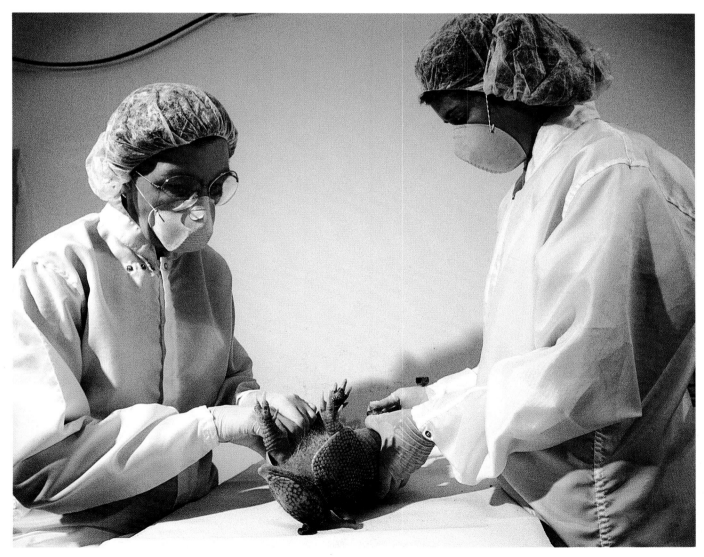

Científicos llevan a cabo investigación sobre la lepra en un armadillo.

El armadillo es una criatura salvaje que no pertenece a una **especie en peligro de extinción** (una especie en peligro de morir hasta que deja de existir). Los biólogos creyeron en una ocasión que los enemigos de los armadillos, como por ejemplo los coyotes, los lobos, los gatos salvajes, y algunos osos, mantenían reducido el número de armadillos. Ahora, estos científicos han descubierto que estaban equivocados. A pesar de que los depredadores a veces los matan, estudios recientes han mostrado que muy pocos depredadores se alimentan de armadillos.

Otros científicos pensaron que a medida que los pioneros humanos se asentaron en las tierras y eliminaron a muchos depredadores, la población de armadillos aumentó, y que se vieron obligados a desplazarse a nuevas regiones para tener suficiente comida para sobrevivir. No obstante, no hay gran evidencia que muestre que la existencia de estos depredadores afectara a la población de armadillos en México o en Texas. Ya en 1896, el estudioso de los mamíferos Joel Asaph Allen descubrió que cuando animales depredadores grandes estaban muy difundidos por el sur de Texas, la población del armadillo estaba creciendo en el mismo área.

¿Por qué han aumentado en número estos pequeños supervivientes intrépidos? Se han adaptado a temperaturas cálidas convirtiéndose en animales principalmente **nocturnos,** evitando el calor del día. Han aprendido a adaptarse a temperaturas frías permaneciendo dentro de sus acogedoras madrigueras y aventurándose a salir solamente al calor del sol. Han cambiado su dieta alimentándose de la comida disponible. Han cruzado tierras de bosque y praderas, y han atravesado ríos y arroyos en busca de un hábitat adecuado. Por último, han desarrollado varias formas de defenderse contra sus enemigos.

Hoy en día, decenas de miles de armadillos vagan por los campos y bosques del sur de los Estados Unidos. Si sales a caminar al atardecer y observas con atención, puede que tengas la suerte de ver una de estas tímidas criaturas con armadura que pueden ser amigas de la gente.

GLOSARIO

adaptarse: ajustarse o cambiar para sobrevivir en un medio ambiente

airear: suministrar aire u oxígeno

caparazón: una caja o concha protectora sobre la espalda de un animal

colonia: un grupo de pobladores provenientes de otro área

cresas: los huevos de las moscas

depredadores: animales que destruyen o matan y comen a otros animales

desdentados: un grupo de animales relacionados que incluye osos hormigueros, armadillos y perezosos

destetado: capaz de dejar de alimentarse de la leche de la madre y comer otros alimentos

embrión: un ser viviente en sus primeras etapas de desarrollo antes del nacimiento

emigrar: mudarse de un país o región para asentarse en otro país o región

especie en peligro de extinción: una especie en peligro de morir hasta que deja de existir

gestación: el desarrollo y mantenimiento de la progenie en el útero

hábitat: el área en la que normalmente vive una planta o un animal

invernar: pasar el invierno en un estado adormecido o inactivo

larvas: las crías de los insectos

lepra: una enfermedad grave causada por bacteria

lepromina: una sustancia producida por los animales que tienen lepra

nocturno: activo durante la noche

ovular: producir o desprender huevos

óvulo: el huevo producido por un mamífero hembra

útero: un órgano de los mamíferos hembras donde se alberga el huevo fertilizado durante el desarrollo de una cría antes de nacer

Reconocimientos fotográficos

Las fotografías son cortesía de: pág. 2, A.C. Harrison, Departamento de Parques y Turismo de Arkansas; pág. 5, 7, 8, 11, 12, 19, 23, 24, 27, 28, 29, 32, 33, 36-37, 41, 42, 43, 44, portada, contraportada, © Jeff Foott; pág. 6, 10, 14, 15, 20, 21, 22, 25, 26, 30, 35, 36, 45, Jim Dunlap; pág. 18, 34, Stephen Kirkpatrick; pág. 40, Departamento de Comercio de Florida, División de Turismo; pág. 38, © Richard Stockton; pág. 31, 39, Revista Texas Highways.

INDICE DE PALABRAS

SOBRE LA AUTORA

Escritora de profesión y autora de muchos libros para adultos, **Dee Stuart** siempre ha sentido una fascinación especial por los animales. Después de encontrarse cara a cara con un armadillo en la zona de colinas de Texas Hill Country, la Sra. Stuart quería saber más sobre esta pequeña y extraña criatura. Su investigación la llevó a escribir este libro, su primer libro para niños. La Sra. Stuart tiene dos hijos y tres nietos. Vive con su esposo en Richardson, Texas.